Cantiqve

du Roy Henry III.

Marseille. — Imprimerie de Vᵉ Marius OLIVE, rue Paradis, 68.

Le Devxiesme Cantique

composé par le

Feu Roy Henry Troisiesme

Roy de France et de Poloigne,

l'An clɔ lɔ LXXXIX.

clɔ lɔ CCCLXIII.

1863

PRÉFACE.

En aucun pays, mieux ou plus qu'en notre vieille Provence n'abondent les fossiles littéraires. Il suffit de gratter le sol poudreux de nos bibliothèques et on est sûr d'exhumer quelque gothique et oubliée figure..... Mais de tous ces fossiles aucun n'avait dormi d'un sommeil plus profond, aucun n'avait joui d'une plus douce et complète obscurité que Maître Jacques Viany. Ceux qui en ont parlé auraient pu dire de lui comme de certain héros de roman : *Astratus vixit* (1). Jacques Viany, en effet, naquit à Aix vers les dernières années du seizième siècle et mourut en la même ville le 8 août 1674.

(1) Boileau. Les Héros de Roman, œuv. t. 3, p. 464 (Paris, 1811), 4 vol. in-8.

Entre ces deux dates s'écoula presqu'un siècle.... Que fit pendant ce laps de temps si considérable le susdit citoyen de la bonne vllle d'Aix?..... M. Roux Alpheran affirme que ce fut un avocat fort distingué (1), M. l'abbé Maurin lui accorde bénévolement l'épithète de célèbre (2).,... Et cependant les traces de son éloquence se sont complètement effacées..... Et le savant éditeur de la Correspondance de Decormis et Saurin n'a pu mettre en lumière aucun des chefs-d'œuvre du *célèbre* avocat. (3)

Ce n'est pas tout cependant. Il existe en la plupart de nos catacombes littéraires un vieux bouquin où Fabri de Fabregues et Joseph Gaillard ont classé chronologiquement tout ce qu'ils ont trouvé de Consuls et d'Assesseurs de la ville d'Aix. Ce recueil, dans lequel il serait possible de constater quelques inexactitudes , inscrit par deux fois en 1632 et 1648 Jacques Viany sur la liste des Assesseurs. (4) Le souvenir de son administration rappelle, surtout en 1648 , une époque de désordres et de troubles....,. Mais ce que fit le *célèbre* avocat on ne s'en souvient guère (Pitton parle seulement de la *faiblesse des Consuls*) (5), et nul ne saurait qu'il a vécu, s'il n'eut été le père de Claude Viany, prieur de Saint-Jean-

(1) Rues d'Aix , t. 2, p. 321.

(2) Mémoires de l'Académie d'Aix, t. 5, p. 260.

(3) Voir à la suite de l'Ancien Barreau du Parlement de Provence : l'Eloquence judiciaire au barreau du Parlement de Provence dans les commencements du XVIIe siècle , par Ch. de Ribbe , (Marseille, 1861), 1 vol. in-8. Il est à regretter que l'auteur ne complète pas ce dernier travail par une œuvre plus étendue.

(4) Catalogue des Consuls et Assesseurs de la ville d'Aix, p. 34-6 (A x, 1699), 1 vol. in-folio.

(5) Pitton , Histoire d'Aix , p. 411,

de-Malte et fondateur du vaste édifice qui sert aujourd'hui de local au Musée. (1)

J'oubliais une circonstance qui attache un certain intérêt à la mémoire oubliée de notre Assesseur. Contemporain de Peiresc, il dut avoir avec lui certaines liaisons. Il admirait et enviait peut-être les précieuses collections que formait à grands frais notre Mécène Provençal....., et au moins voulait-il lui disputer le privilège ou l'honneur de créer une bibliothèque. On raconte de Peiresc qu'il entretenai chez lui un relieur habile, constamment occupé à relier, non-seulement ses livres, mais encore ceux qu'on lui prêtait (2). Viany, lui aussi, aimait passionnément les livres, ainsi que le dit Haitze, et on peut juger de cet amour par l'attention qu'il

(1) Le Prieur de St-Jean, Claude Vian', avait la prétention d'imposer son nom à la partie de la ville voisine de son prieuré La Langue de Provence trouva cette prétention exagérée et lui permit tout au plus de donner son nom à la petite rue encore appelée aujourd'hui Saint-Claude. (Voir les Rues d'Aix, t. 2, p. 369-70)

Ce Claude Viany avait aussi quelqu'ambition littéraire, on lui doit les opuscules suivants :

1. Paraphrase allégorique du Psaume XCIII sur les Victoires que le Roy a remportées contre la Ligue de presque toute l'Europe. (S. L. et D.), in-folio de 4 p (Bibl d'Aix.)

2 Paraphrase allégorique aux Victoires de Monseigneur le Dauphin, du Psaume 72 que David composa pour souhaiter les vertus nécessaires à son fils Salomon, pour bien régner, par M. l'abbé de Viani, D. en S T., Prieur de l'Eglise de St-Jean d'Aix (S. L. et D) in-folio de 4 p. (Bibl. de Lyon, O. n. 3257.)

3. Harangue prononcée le 6 mars 1701 par M. l'abbé Viany, Prieur de l'Eglise de St-Jean-de-Jérusalem de la ville d'Aix, en y recevant Messeigneurs les ducs de Bourgogne et de Berry. (Aix, Laurens Elzéar, 1701) in-folio de 5 p. (Bibl. d'Aix)

4. Description du Siège de Toulon , par M. le duc de Savoye, stances irrégulières (S. L. et D.), in-folio de 7 p. (Bibl. Aix.)

(2) Requier Vie de Purec, p. 370

avait de se pourvoir des plus excellents , et de les orner, en les faisant couvrir, des plus riches nippes de son épouse. Ceux qui en rencontreront , et avec ces sortes de reliures, pourront être certains qu'ils possèdent des débris de son immense et précieuse bibliothèque. (1)

Or, après avoir épuisé pour habiller ses bouquins la soie , le velours et les meilleures *nippes de son épouse*, le digne et honorable avocat se vit dans la dure nécessité de leur substituer parfois le *maroquin*. Tel fut l'habit dont il décora une petite édition de Salvien , imprimée à Paris en 1617.

Ce volume , relié en maroquin citron, accuse chez l'amateur qui présida à sa toilette, un goût assez délicat , et les filets qui le décorent ont une prétention qui révèle l'habitude des livres et certaines connaissances spéciales, au moins en reliure.

Viany eut soin de faire glisser en tête et à la suite du texte plusieurs feuillets de papier blanc, et pour ne pas en perdre le bénéfice, il y transcrivit en caractères microscopiques LE PREMIER, LE SECOND ET LE TIERS CANTIQVE DV FEV ROY HENRY TROISIESME EN 1589.

L'écriture de ce petit manuscrit, en dépit de certaines abréviations et de la forme singulière de quelques lettres, est aisément lisible. Chaque stance est séparée des autres par quatre S coupées par un trait / et au bas de chaque cantique on trouve la signature de Viany avec sa devise : *In te Domine Confido.* Il y a de plus une épitaphe de Gaspard de Coligny en quatre vers un peu plus que médiocres.

(1) Haitze. Histoire d'Aix, l. XXII, § 58, p. 514, de l'Exempl. autographe de la Bibl. d'Aix. Voir aussi l'intéressante notice sur la Biblioth. d'Aix, par M. Rouard. p. 256.

Le hasard, — créé et mis au monde exprès pour les bibliophiles, les joueurs et les actionnaires, — le hasard, il y a quelques années, me fit un jour trouver ce volume perdu dans un tas d'horribles bouquins. Je me gardai de le lire et je l'enfouis dans le plus obscur de mes rayons. Il y serait probablement encore à cette heure sans un autre hasard qui appela mon attention sur les vers copiés par Viany. Et j'avoue qu'après les avoir lus, je regrettai vivement de n'en avoir pas eu jusqu'alors l'idée. Je fus surpris du mouvement, de la verve et du génie poétique visiblement empreints sur leurs hémistiches. Je crus y remarquer une force, une vigueur d'expression qu'avant Malherbe nos anciens poètes n'ont guère connus. Les images en général me parurent grandes et présentées sous une forme presque toujours saisissante.

Fantaisie alors me prit d'initier un tout petit public à ma bonne fortune. Je venais de lire la longue liste des publications de M. A. Veinant, — trente-une, je crois (1), — et ce catalogue ne m'offrit (sauf un petit nombre), que des pièces sans importance et sans intérêt; des farces, des facéties et des moralités plus ou moins morales, propres tout au plus à caresser les imaginations lubriques de quelques vieux amateurs. Il me sembla que moi aussi, je pourrais faire quelque chose et offrir un spécimen de haute et sévère poésie.

Une seule difficulté m'arrêta. Ces cantiques ou plutôt ces odes sont-ils réellement l'œuvre de Henri III ? J'ai fait, et j'ai prié de faire à ce sujet tout ce qu'il a été possible de faire d'exactes et minutieuses investigations..... Et toujours il m'a été répondu

(1) Catalogue des livres rares et précieux de feu M. Auguste Veinant. Paris, 1860, voir la Préface.

qu'aucune œuvre du ROY DE FRANCE ET DE POLOIGNE n'était connue.

Ces vers sont-ils imprimés dans je ne sais quel recueil ? Portent-ils un autre titre, ont-ils un nom d'auteur différent de ceux qu'indiquent mon manuscrit? Je ne puis ici qu'affirmer de ma part une absolue ignorance. J'habite une ville où il est difficile de rencontrer ces vieux et renommés poètes, dont les œuvres sont ailleurs si vivement recherchées. Mais je regretterai peu mes peines et mes frais, si de plus heureux ou de plus habiles que moi veulent bien me renseigner.

Ainsi, ceux qui liront ces quelques pages voudront bien les considérer simplement comme un essai. S'ils peuvent me fournir sur ces Cantiques ou sur leur auteur l'indication même la plus vague, je serai heureux de la recevoir et de leur en exprimer ma gratitude.

Marseille, 30 mars 1863.

L' DE CROZET.

J'ai cru devoir scrupuleusement conserver l'orthographe du manuscrit.

Le Second Cantique
Du mesme Roy.

Quelle fureur nouuelle agite les pensées
De ceux dont l'hérésie a desuoyé les cœurs ?
Pensent-ils qu'à ce coup leurs armes insensées
Les rendront sur le fort de l'Eglise vainqueurs ?
Non, non, ils conoistront qu'encontre toute ofense
    Son Dieu lui sert d'escu
Et que ce que Dieu garde en prenant sa défense
    Ne peut estre vaincu.

Contre le Tout-Puissant et celuy que sa grâce
A choisi pour régner dessus son peuple eslu
Ils vont de tous costés armant l'humaine audace
Et rendent l'estranger allume de fureur , (*sic*)
Mais ceste force humaine où leur espoir se fonde
    Les rendra malheureux,
Car ceux-là n'ont personne eussent-ils tout le monde
    Qui n'ont point Dieu pour eux.

Quand ils auraient armé la terre universelle,
Non seulement le peuple ou Danois ou Germain,
La victoire qui part de la dextre éternelle
N'ira point pour cela voler dedans leur main.
Dieu faira que de verre ils treuueront leurs armes
    Au milieu des combats
Et leur cherront des poings au plus fort des alarmes
    Les pistolets à bas.

Car le Seigneur est bon et le feu de son ire
Ne brusle pas long temps contre ses serviteurs
Il a pitié du mal qui destruit cet empire ,
Il n'en veut plus laisser prospérer les autheurs
Ains d'un baston de fer chastiant leur audace
      Qui fuit du droit sentier
Sa main les veut casser comme un coup de pied casse
      L'ouvrage du potier.

Aussi las est-il temps qu'après tant de misères
Notre Dieu les regarde et nous regarde aussy
Eux comme iuste iuge et nous comme bon père
Eux d'un œil de vengeance, nous d'un œil de mercy
Il est temps désormais que sa pitié finisse
      Nos malheurs infinis ,
Et que, nous pardonnant, en fureur il punisse
      Ceux qui nous ont punis.

Ne va donc plus, Seigneur, diférant la victoire
Dont ta main nous promet rendre favorisés.
Tu la diféres trop ; il y va de ta gloire
Et les foibles esprits en sont scandalisés.
Coment viendront les Turcs et les gens infidèles
        Se sousmetre à ta foy
Si tu laisses languir en guerres éternéles
        La gent qui croit ta loy ?

O Seigneur donne fin aux maux qui nous déuorent
Et de nos ennemis n'ayde plus le bonheur
Ne sois plus si sévère aux peuples qui t'adorent
Et si benin a ceux qui foulent ton honeur
Oy ce que tous les iours vomist contre toy mesme
        Leur bouche et leur esprit
Et ton cœur soit au moins esmeu de leurs blasphêmes
        S'il ne l'est de nos cris !

O Princes qui voyes la terre prosternée

Deuant vos throsnes d'or dressés pompeusement

Penses que vostre teste est de Dieu coronée

Et reueres son nom en crainte et tremblement

Certains qu'autant de temps, qu'en ces plaines morteles

       Vous les reuereres

Autant vous vous verrês de vos peuples fidèles

       Aimés et reuerés.

Comme la lune tient du soleil la lumière

Elle change au changer de ses diuers obiets

Ainsi le Tout-Puissant est la source première

Du pouuoir qui vous rend tant de peuples subiets

C'est pourquoy vous voyes vos grandeurs éclipsées

       Aller moins reluisant

Quand entre vous et luy les terrestres pensées

       Se vont interposant.